Jacky GIRARDET

C.I.E.P. de Sèvres

Joëlle SCHELLE-MERVELAY

il était ...

une petite grenouille

1

lecture

Illustrations : Mélanie ERHARDY
Conception graphique : Pascale MAC AVOY

Cle International
27, rue de la Glacière, 75013 Paris

Ce manuel de lecture fait partie de l'ensemble pédagogique Il était... UNE PETITE GRENOUILLE 1, *méthode pour l'apprentissage du français aux enfants de 5 à 8 ans. Il est destiné aux élèves qui abordent l'écrit conjointement à l'oral.*

La méthode adoptée ici est semi-globale. On mènera donc parallèlement :

- L'apprentissage global *d'une centaine de mots. Grâce à ces acquisitions il sera possible de lire des petits récits dès la deuxième unité.*
- La découverte des graphies *qui permettra de synthétiser des mots simples à partir de la neuvième unité.*

On insistera constamment sur l'aspect aléatoire du signe écrit. L'observation de l'inadéquation entre les sons et les graphies, alliée à la mémorisation globale de certains mots est une bonne école d'orthographe. Enfin, en donnant à l'élève la possibilité de lire des petits textes simples dès le début de l'apprentissage, on a voulu privilégier la compréhension, éviter les lenteurs du déchiffrage et donner le goût de lire.

Le contenu du présent manuel est donc celui d'un début d'apprentissage : graphies simples des principaux sons consonantiques et vocaliques et une centaine de mots acquis globalement (dont 40 % de mots-outils grammaticaux).

Cet apprentissage se poursuivra dans le deuxième ensemble de Il était... UNE PETITE GRENOUILLE, *par une étude systématique des différentes réalisations graphiques des phonèmes du français.*

*Chaque double page de cet ouvrage s'articule sur une unité didactique de l'ensemble pédagogique. Ainsi l'unité A1 correspond aux doubles pages marquées A1 dans le livre de contes, le cahier d'activités et le cahier d'écriture *.*

Chaque unité (double page) est organisée de la manière suivante :

Sur la page de gauche :

• **La fenêtre sur le livre de contes.** Elle contient la phrase de l'unité correspondante du livre de contes (quelquefois un peu simplifiée) ainsi que des éléments de l'illustration. Cette phrase comporte au moins une fois le son/graphie à étudier.

• **La maison de la lettre.** Elle présente le mot-clé de la graphie étudiée ainsi que les différentes formes de cette graphie.

• **Une liste de mots** pour le repérage de la graphie, l'analyse et la synthèse.

• **Des phrases de travail.** Elles combinent les mots nouvellement acquis aux mots étudiés dans les unités précédentes, permettant une récurrence régulière des acquisitions. Elles peuvent également avoir pour objectif un travail sur des structures syntaxiques ou morphologiques.

• **Les mots à acquérir globalement.** Ils sont répertoriés en bas de la page.

Sur la page de droite :

• **Une histoire (ou une bande dessinée)** fabriquée avec des mots connus et des mots déchiffrables. Le son/graphie étudié apparaît fréquemment dans ce texte.

• **Les aventures de la lettre.** Il s'agit de fantaisies graphiques où les lettres se mettent à vivre le sens des mots qui les contiennent. Ces dessins ont pour but de stimuler la créativité graphique et langagière des enfants.

La page de droite est donc une page d'ouverture sur la vie des mots et des graphies. Elle est complémentaire de la page de gauche qui est plutôt une page de réflexion et de travail.

Les deux premières unités (A1 et A2) ne suivent pas exactement ce plan. Elles sont destinées à donner à l'élève un bagage minimal d'acquisitions globales.

*** Le cahier d'écriture de l'ensemble Il était... UNE PETITE GRENOUILLE est un matériel complémentaire du présent manuel. Il propose de nombreux exercices de compréhension écrite, de tracé des lettres ainsi que des activités d'expression écrite. Il contient également des étiquettes de lecture.**

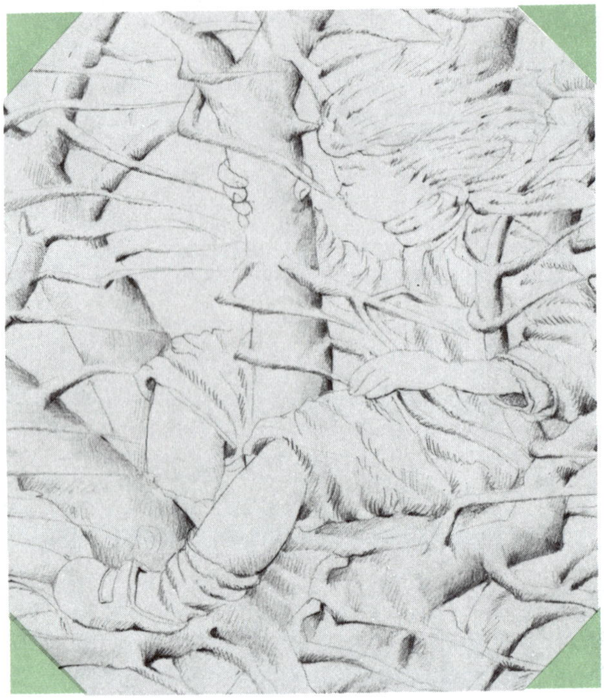

Tourloublanc

Alice Olivier

C'est Alice ?

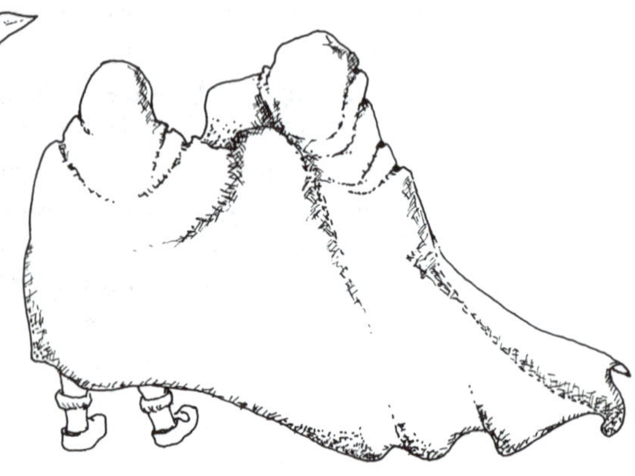

C'est Tourloublanc et Olivier ?

C'est Alice.

C'est Tourloublanc et le crocodile.

Tourloublanc, Alice et Olivier.

Le crocodile et Tourloublanc.

C'est le crocodile.

C'est le crocodile.

C'est Olivier ?

C'est Alice ?

C'est Tourloublanc ?

Le vent appelle Tourloublanc :
« Viens! »

C'est le vent.
Le vent appelle Tourloublanc :
« Viens, Tourloublanc! »

Olivier appelle Alice et Tourloublanc.

le vent	**viens**	**appelle**	**non**	**un**
le vent	*viens*	*appelle*	*non*	*un*

Le crocodile appelle Alice :
« Alice! Viens!
– Non! »

Alice appelle Tourloublanc :
« Tourloublanc! Tourloublanc!
Un crocodile! Viens! »

Au pays des couleurs,
il y a des animaux.

appelle
appelle

Alice
Alice

va
va

il y a
il y a

Le vent va au pays des couleurs.
Tourloublanc va au pays des couleurs.

C'est le pays des couleurs.
Au pays des couleurs, il y a Tourloublanc,
il y a Alice et Olivier.

« Il y a le crocodile?
– Non. »
Alice appelle le crocodile.

au	**des**	**pays**	**des couleurs**	**des animaux**
au	des	pays	des couleurs	des animaux

Le vent va au pays des couleurs.
Le vent appelle Tourloublanc :
« Viens, Tourloublanc! »
Et Tourloublanc va au pays des couleurs.

Tourloublanc appelle Alice :
« Alice! Viens! »
Et Alice va au pays des couleurs.

Alice appelle Olivier :
« Olivier! Olivier! Viens! »
Et Olivier va au pays des couleurs.

Il y a une souris,

il y a un crocodile.

le village

des animaux

Alice

le crocodile

petit
petit

une souris
une souris

Olivier appelle Alice :
« Viens au village! »
Alice va au village.

le petit crocodile
la petite souris

Dans le village il y a une souris.
Dans le pays des couleurs il y a des animaux.

Le grand vent appelle Tourloublanc.

grand
grand

dans
dans

Dans le petit pays
il y a un petit village,
un petit crocodile,
et une petite souris.
Oui, oui, oui!

Dans le grand pays
il y a un grand village,
un grand crocodile,
et une grande souris.
Oui, oui, oui!

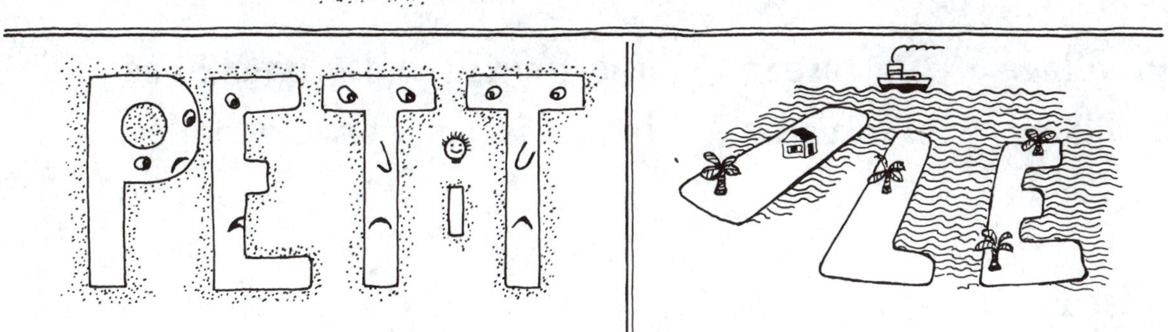

L'oiseau noir vole les couleurs.

Olivier

le stylo **il vole**

le stylo *il vole*

Olivier a un stylo.
C'est un petit stylo.
Non, c'est un grand stylo.

Au pays des couleurs, il y a un oiseau noir.
L'oiseau noir vole les couleurs.

C'est le vent. Il va au pays des couleurs.
Il va vite.

un village	**un oiseau**	**une souris**	**des crocodiles**
le village	**l'oiseau**	**la souris**	**les crocodiles**

l'oiseau	**les**	**l'**	**vite**	**d'**	**noir**
l'oiseau	*les*	*l'*	*vite*	*d'*	*noir*

Olivier a un stylo.
L'oiseau noir va dans le village.
Il vole le stylo d'Olivier.

Olivier appelle Tourloublanc et Alice.
Il appelle les animaux :
« Vite! Vite! Tourloublanc!
Vite! Vite! Alice!
Crocodile! Petite souris! Vite! Vite!
L'oiseau noir vole le stylo! »

« J'ai une plume verte. »

tu **une** **sur**
tu une sur

la lune **une plume**
la lune une plume

Le vent appelle Tourloublanc :
« Tu viens? »
Tourloublanc va au pays des couleurs avec Alice et Olivier.

L'oiseau noir vole le stylo d'Olivier.
Avec le stylo, il dessine une lune.

C'est l'oiseau bleu. Il a des plumes vertes.
Il va vite. Il va dans la lune.

j'ai **verte**
j'ai verte

avec **dessine**
avec dessine

Sur la lune,
il y a un petit crocodile.

Avec la plume verte,
le petit crocodile dessine sur la lune
un village vert,
une souris verte
et un oiseau vert.

« Je veux le jaune! »

Tourloublanc revient au pays blanc avec les couleurs.

le
le

je
je

de
de

il revient
il revient

le crocodile
Alice
la plume
jaune
toutes

le petit stylo **le grand stylo**
la petite plume **la grande plume**

le village de Tourloublanc **le village d'Olivier**
les plumes de l'oiseau **la plume d'Olivier**
le stylo de Tourloublanc **le stylo d'Alice**

Tourloublanc revient au village blanc.
Il a les plumes de l'oiseau.
« Tourloublanc! Tu reviens?
– Oui, j'ai les couleurs! »

C'est Olivier. Il va au pays blanc.
C'est Alice. Elle va au village.

blanc	**bleu**	**jaune**	**elle**	**je veux**
blanc	bleu	jaune	elle	je veux

Tourloublanc

Le vent appelle Tourloublanc :
« Viens au pays des couleurs! »
Et Tourloublanc va avec le vent.

Au pays des couleurs,
il y a des animaux de toutes les couleurs,
il y a une souris, il y a un crocodile.

Les animaux appellent Tourloublanc :
« Tu viens?
– Oui, je viens. »
Et Tourloublanc va avec les animaux.

L'oiseau noir vole les couleurs.
Tourloublanc appelle les animaux :
« C'est l'oiseau noir! Vite! Vite! »

« J'ai une plume verte! »
« J'ai une plume jaune! »

Tourloublanc revient au pays blanc avec les couleurs.

« Je veux le jaune!
– Je veux le bleu!
– Je veux toutes les couleurs! »

C'est le pays blanc?
Non, c'est le pays de toutes les couleurs!

Dans la maison de Nicolas, on joue du tambour.

où
la souris
les couleurs

je joue
je joue
tout

Tourloublanc
un tambour

toutes
écoute

« Où est Tourloublanc?
Au village blanc?
Dans le vent?
Sur la lune?
Dans la maison de Nicolas?
– Non, il est au pays des couleurs. »

« Où est Nicolas?
– Il est dans la maison,
il joue du tambour. »

« C'est le tambour du crocodile?
– Non, c'est le tambour de Nicolas. »

la maison **Nicolas** **du** **est** **on**
la maison *Nicolas* *du* *est* *on*

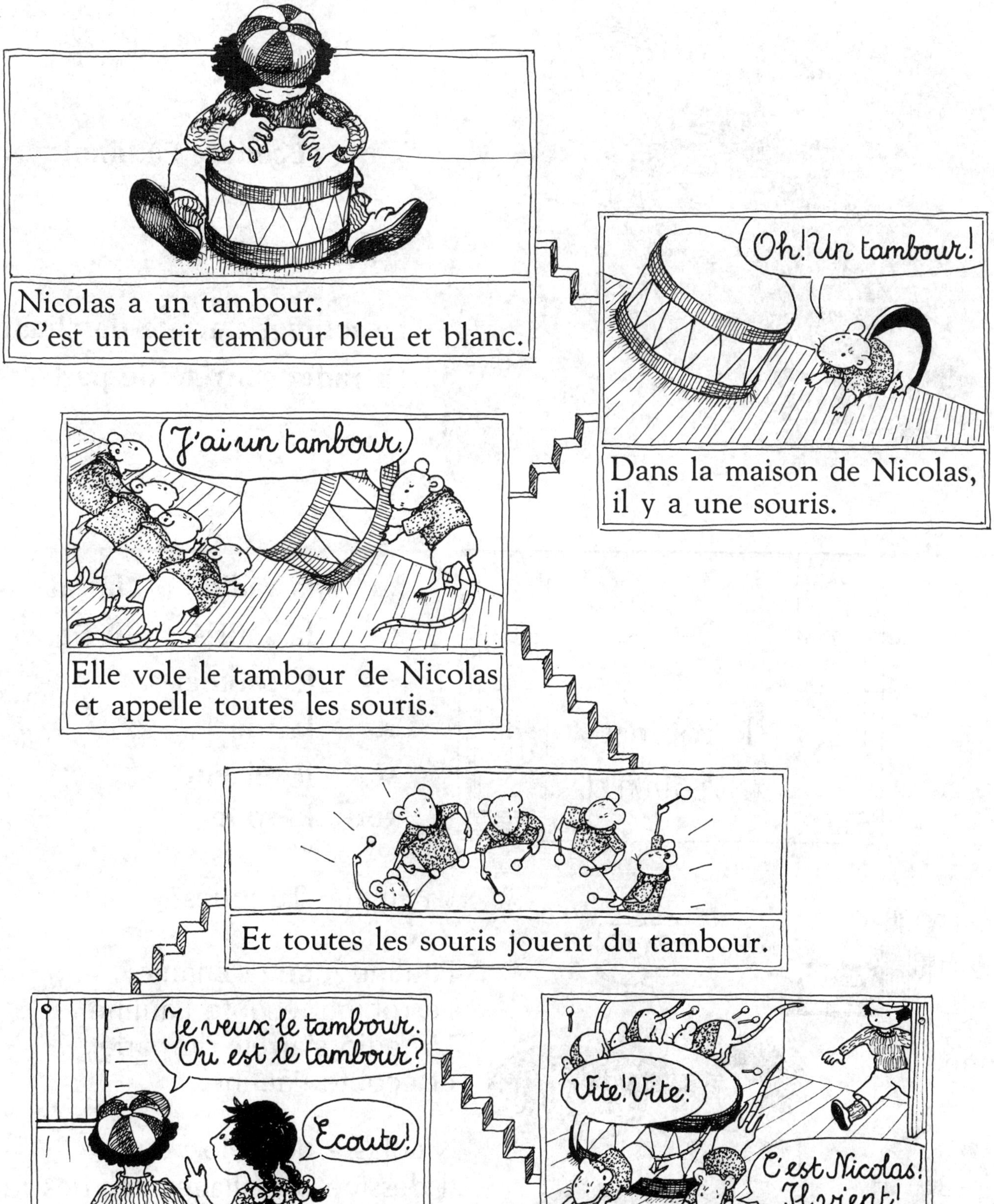
Nicolas a un tambour.
C'est un petit tambour bleu et blanc.
Oh! Un tambour!
Dans la maison de Nicolas,
il y a une souris.
J'ai un tambour.
Elle vole le tambour de Nicolas
et appelle toutes les souris.
Et toutes les souris jouent du tambour.
Je veux le tambour.
Où est le tambour?
Ecoute!
Vite! Vite!
C'est Nicolas!
Il vient!

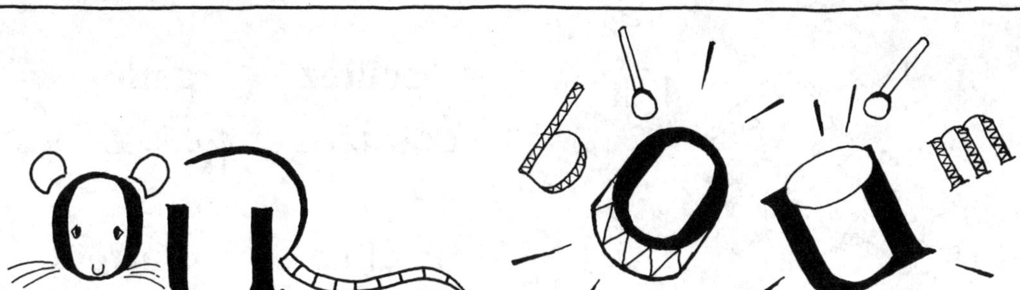
ou
boum

Écoutez Pauline!

Le robinet s'arrête de chanter.
La radio s'arrête de parler.

ra	**la radio**	**le rat**
ri	**la souris**	**il rit**
ro	**le robinet**	
ru	**la rue**	
re	**il revient**	
rou	**la roue**	

une rue

une roue

il rit

un rat

« Pauline! Tu joues?
– Oui. »
Pauline joue et chante.
Le robinet écoute Pauline.
La radio s'arrête de parler
et écoute Pauline.

Nicolas a un stylo noir.
Il dessine un village avec des rues
et des maisons.

écoutez	**parler**	**chanter**
écoutez	*parler*	*chanter*
Pauline	**il s'arrête**	**mais**
Pauline	*il s'arrête*	*mais*

Un oiseau chante sur la maison de Pauline.
Pauline appelle l'oiseau :
« Viens! Viens! »
Et Pauline parle avec l'oiseau.

« Pauline! Écoute! Je viens du village des couleurs.
– Où est le village des couleurs?
– Il est au pays des couleurs. Au pays des couleurs, il y a une souris, il y a un crocodile, il y a... »

Mais Nicolas joue du tambour :
Boum! Boum! Boum!
Et l'oiseau s'arrête de parler.

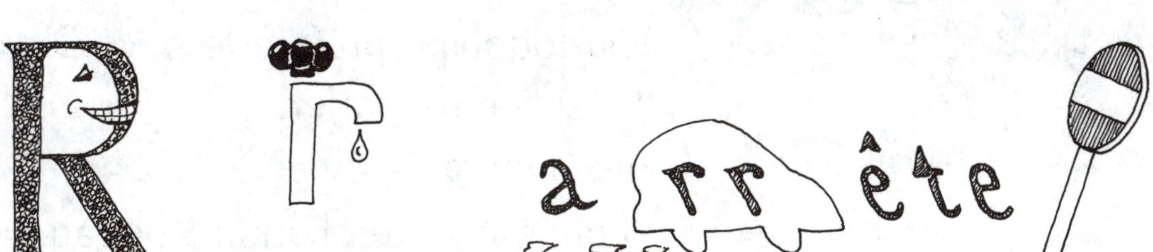

« Aïe! Ma tête! »

Nicolas préfère jouer au ballon.

il écoute
il écoute

écoute!	**écoutez!**	**écouter**
chante!	**chantez!**	**chanter**
parle!	**parlez!**	**parler**

la mère
la mère

il préfère
il préfère

il s'arrête
il s'arrête

un ballon
un ballon

ma
ma

Il écoute la radio.
Elle chante dans la rue.
Tourloublanc préfère le pays des couleurs.
Il s'arrête de parler.
Elle préfère dessiner.
Pauline écoute chanter l'oiseau.
« Écoutez! Parlez! Dessinez! »
dit la grand-mère souris.

l'école des animaux

Le petit crocodile est à l'école.
C'est l'école de la grand-mère souris.
A l'école, il y a tous les petits crocodiles,
tous les petits rats,
tous les petits oiseaux.

« Écoutez! » dit la souris.
Et la souris parle, parle, parle.

Le petit crocodile écoute?
Non! Il préfère jouer.

Il rit avec le rat.
Il chante avec l'oiseau.
« Arrêtez de rire!
Arrêtez de chanter! » dit la souris.
« Dessinez! »

Et le petit crocodile dessine
un pays de toutes les couleurs,
avec un village,
et sur le village,
une grande lune jaune.

Le piano est malade.

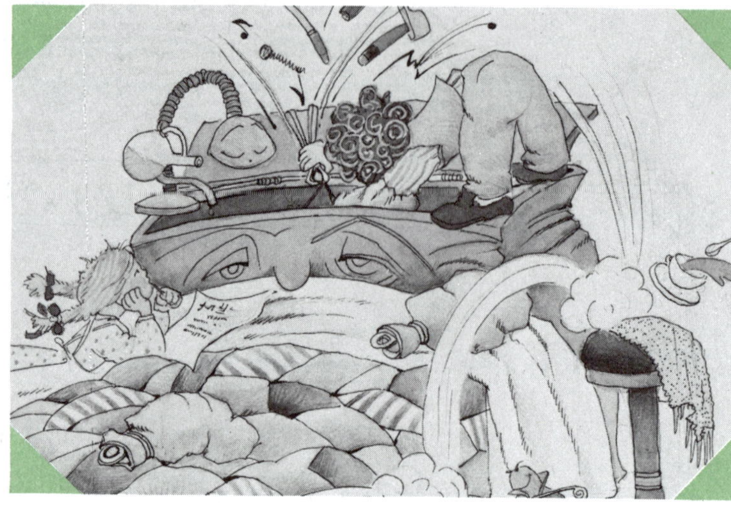

On appelle le docteur Pipo.

le	**le piano**		
la	**la**	**malade**	**le village**
li	**Alice**	**Olivier**	
lo	**le stylo**		
lou	**Tourloublanc**	**le loup**	

la lune **il vole** **elle appelle**
l'oiseau **l'école** **l'île**

un loup

une île

il roule vite

L'oiseau noir veut le stylo d'Olivier.
« J'ai les plumes de l'oiseau! » dit Tourloublanc.
La petite souris vole le ballon d'Olivier.
« Tu veux le stylo bleu ou le stylo noir?
– Je préfère le bleu. »
Dans la maison de Nicolas on chante, on joue du piano et du tambour.

le piano **Pipo** **le docteur** **alors**

le piano *Pipo* *le docteur* *alors*

Tourloublanc est à l'école du village.
Il est avec Alice.
Et Olivier? Où est Olivier?
Il est à la maison, dans le lit.
Il dit : « Aïe! Ma tête! »

Alors la grand-mère d'Olivier appelle le docteur Pipo :
« Allô! docteur Pipo?
– Oui, c'est le docteur Pipo.
– Olivier a mal à la tête.
– Je viens », dit le docteur Pipo.

Le docteur Pipo va au village.
« Il est malade? » dit la grand-mère.
« Mais non! Mais non! » dit le docteur Pipo.

Alors la grand-mère dit à Olivier :
« Allez! Vite! A l'école! »

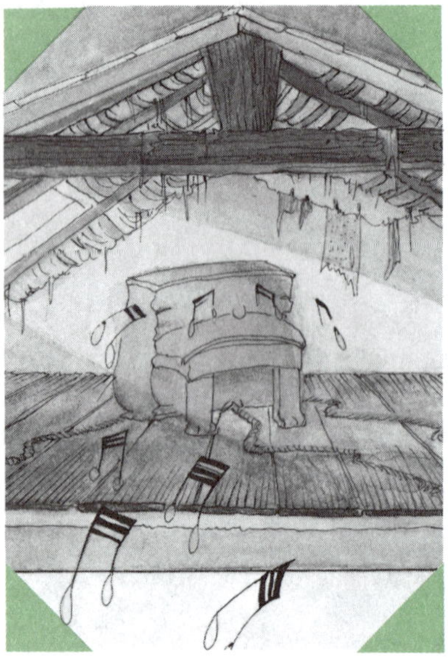

« Bou! Bou! Bou!
– Qui pleure? C'est le bébé? C'est Pauline?
– Non, c'est le piano. »

b b

B B

un ballon
un ballon

ba	**le ballon**	**elle est belle**
bi	**le robinet**	**la robe**
bé	**le bébé**	**le tambour**
bou	**bou! bou!**	

p p

P P

une poupée
une poupée

pa	**papa**	**le pays**
pi **po**	**Pipo**	**le piano** **Pauline**
pou **pé**	**la poupée**	**elle appelle** **il parle**

la robe

elle est belle

la poule

il répare

Pauline joue du piano.
Le robinet ne chante pas.
La radio ne parle pas.

Le papa de Nicolas écoute la radio.
Pauline a une belle robe.
Le docteur Pipo revient du village.
Sur une île il y a un grand oiseau blanc.
Il chante avec le vent.

il pleure	**qui**	**il ne va pas**	**la fête**	**il fait**
il pleure	*qui*	*il ne va pas*	*la fête*	*il fait*

C'est la fête des poupées.
Il y a toutes les poupées du village.
Mais il n'y a pas la poupée de Pauline.

Elle est dans la maison. Elle pleure :
« Je n'ai pas de robe.
Je ne veux pas aller à la fête,
je ne veux pas chanter,
je ne veux pas jouer.
Bou! Bou! Bou! »

Dans la rue, il y a une petite poule jaune et noire.
« Qui pleure? C'est le bébé?
– Non!C'est la poupée de Pauline! »

La petite poule appelle la poupée :
« Ne pleure pas! Écoute! Tu veux une robe?
– Oh oui! » dit la poupée.

Alors, avec des plumes jaunes et noires,
elle fait une belle robe.

La poupée a une belle robe
et elle va à la fête.

Ils descendent.
Ils portent le piano.
C'est difficile!

do — **le dos**
du — **du riz**
di — **difficile** — **il dit**
de — **le piano de Nicolas**

malade — **le crocodile**
il dessine — **ils descendent**

ta — **ta radio** — **le tapis**
ti — **petit**
tu — **tu pleures** — **tu veux**
tou — **tout**

la route — **écoute** — **il porte**
la tête — **toute**

La radio parle – Nicolas parle – Nicolas et la radio parlent – Ils parlent
Alice chante – Pauline chante – Alice et Pauline chantent – Elles chantent

la patte

la route

le tapis

La souris vole le tambour.
Elle vole le tambour.
Les souris jouent du tambour.
Elles jouent du tambour.

Le robinet s'arrête de chanter.
Il s'arrête de chanter.
Les crocodiles s'arrêtent de rire.
Ils s'arrêtent de rire.

ils descendent	**ils portent**	**difficile**	**une auto**	**elles**
ils descendent	*ils portent*	*difficile*	*une auto*	*elles*

Dora, tu viens?
Oui!
Dédé a une belle auto.
Tu roules vite! Arrête! Il y a un crocodile!
Sur la grande route Dédé va vite.
Aïe! Ma tête!
Aïe! Ma roue!
Aïe! Ma patte!
Appelle le docteur Pipo! Il répare les autos.
Ils descendent de l'auto.
C'est difficile!
Mais le docteur Pipo ne répare pas l'auto.
Tire!
Ah! Ah! Dédé, tu as une belle auto!
Alors, ils tirent l'auto.

d d
D
t t

« Papa! Maman! Nicolas!
Le piano est au milieu du salon! »

m m

M une maison M
une maison

n n

N une banane N
une banane

ma **ma poupée** **malade**
mi **milieu** **l'ami**
mo **une moto** **un mot**

la plume **la pomme** **la malle**
la mère **mais** **maman**

no **le piano**
ni **les animaux**
nou **nous**

jaune **la lune** **il dessine**

un ami
un oiseau

une école
une île

un nez

une malle

une pomme

une moto

Alice donne une pomme à Olivier.
Le docteur Pipo va à la fête à moto.
Tourloublanc porte une malle.
Le village est au milieu du pays blanc.

maman **milieu** **le salon** **le grenier**
maman milieu le salon le grenier

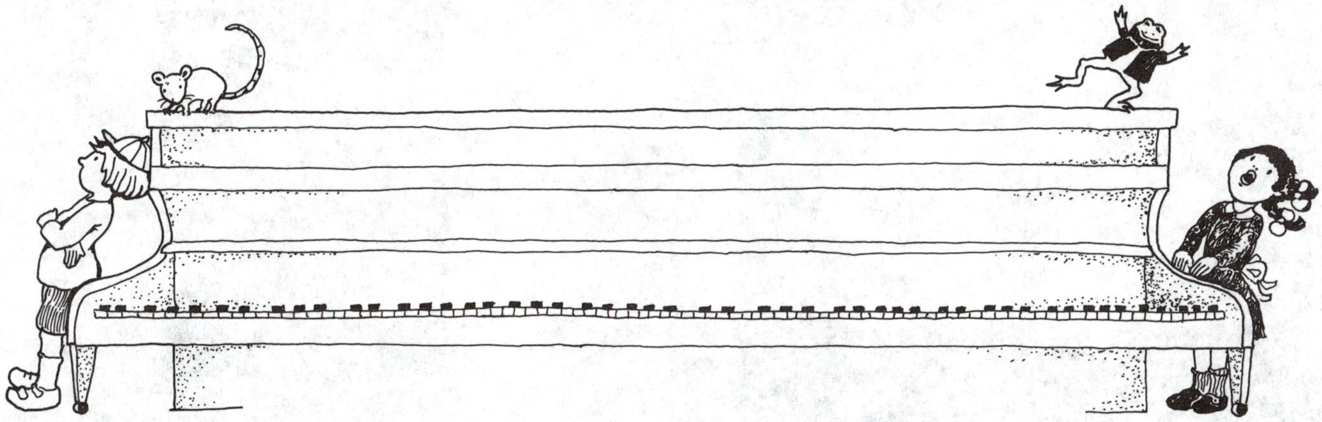

Nicolas a un piano. Mais il ne veut pas jouer du piano.
Il préfère jouer au ballon.
Il joue mal.
« Aïe! Ma tête! » dit le lit.
« J'ai mal au dos! » dit la souris.

Le piano ne veut pas jouer avec Nicolas.
Il s'arrête de jouer.

Le père et la mère de Nicolas portent le piano au grenier.
Mais le piano pleure. Il veut jouer avec Pauline.

Alors, tous les amis du piano
descendent le piano.
Ils portent le piano sur le dos. C'est difficile!

Le piano est au milieu du salon.
« Pauline! Tu veux jouer? » dit la grand-mère.
« Oh oui! » dit Pauline.

Pauline joue et chante.
Et le lit, le tapis, le robinet, la radio,
et papa, maman, Nicolas et le docteur Pipo,
écoutent le piano.

« Lucie! Tu n'es pas couchée! »

Toutes les nuits Lucie écoute M. Lampion.

co	**Nicolas**	**l'école**	**ci**	**Lucie**	**c'est difficile**
ca	**la cabane**	**il écoute**	**ce**	**ce**	**c'est Alice**
cou	**la couleur**	**à côté**			

il coupe

la cabane

ils courent

Olivier fait une cabane.
Nicolas va au cinéma avec papa.
Alice coupe une pomme. Elle est bonne.

La nuit, la petite souris court dans le salon.
Olivier est malade? Non, il n'est pas malade.
Au milieu du grenier, il y a une malle bleue.

couché	**la nuit**	**M. Lampion**
couché	*la nuit*	*M. Lampion*

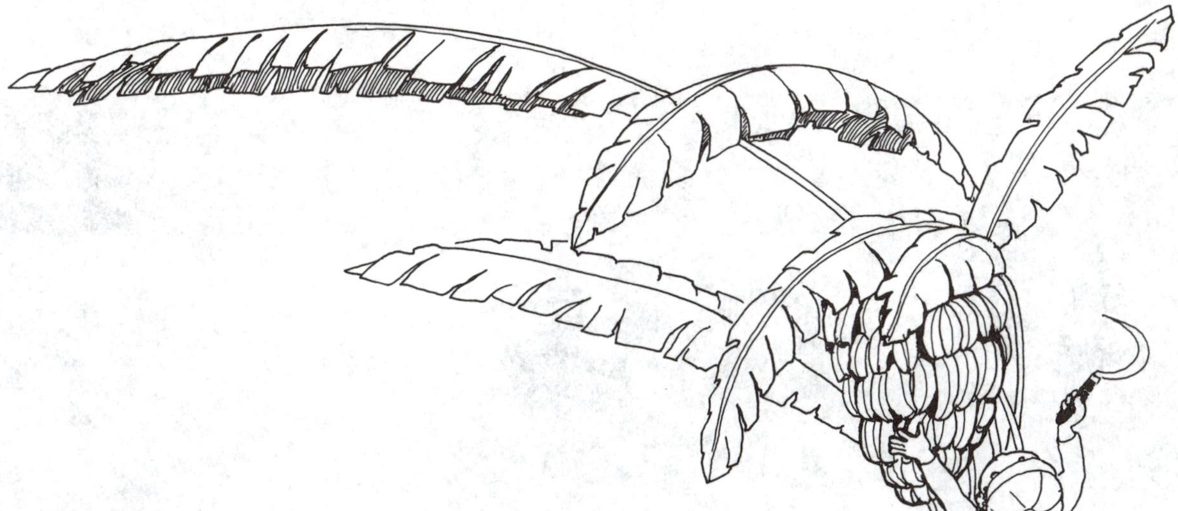

A côté de la maison de Nicolas, il y a un bananier.
C'est le bananier de M. Biribi.
« Oh! Les belles bananes! »
Mais Nicolas est petit et le bananier est grand.
Et il y a M. Biribi.

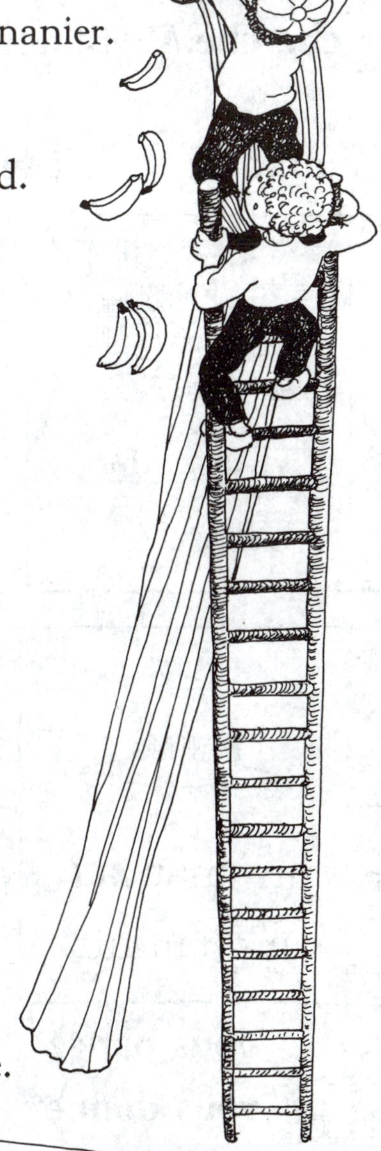

Alors, une nuit, Nicolas appelle l'ami Léo.
« Léo! Écoute! Tu veux des bananes?
– Oui!
– Alors, viens! »

Léo porte Nicolas
et Nicolas coupe toutes les bananes.

Mais M. Biribi n'est pas couché.
« Qui est là?
Ah! Ah! Ah! On vole mes bananes! »

« Vite! Descends! » dit Léo à Nicolas.

Et ils courent, courent sur la route du village.

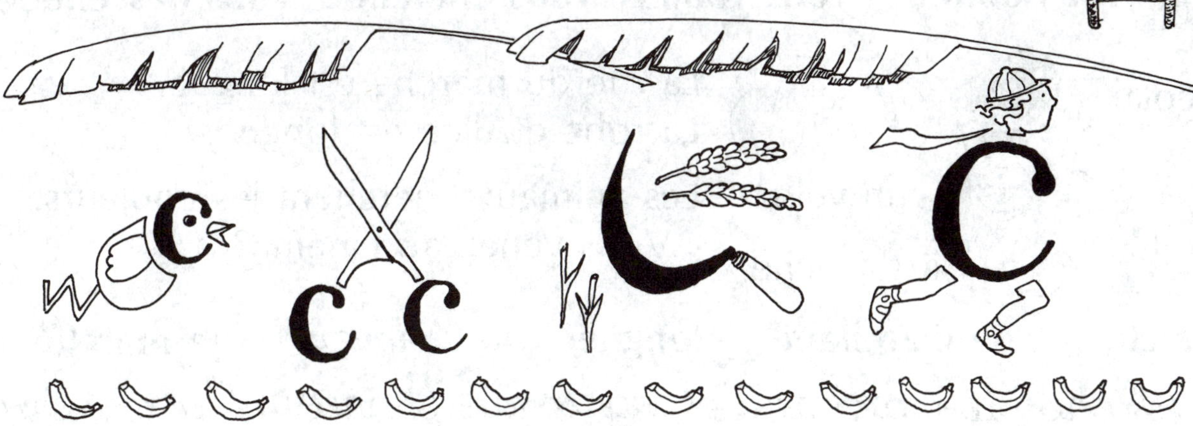

Lucie cherche M. Lampion dans la ville.

« Va au marché! » dit le marchand de chapeaux.

v | V | *v* | *V*

une ville
une ville

va	**il va**
vi	**vite**
vé	**le vélo**
vou	**vous voulez**

il vole
elle rêve

Olivier
je veux
le vent
tu reviens

ch | Ch | *ch* | *Ch*

un chapeau
un chapeau

cha	**un chapeau un chat**
ché	**le marché il est couché**
cho	**le chocolat**

elle cherche
elle chante

vous parlez vous venez vous chantez vous portez
vous donnez vous voulez vous cherchez vous descendez

du chocolat

un chat

il est riche

un vélo

La rue du marché est longue.
La robe d'Alice est longue.

Les animaux cherchent les couleurs.
« Vous venez au cinéma? »

elle cherche le marchand longue un chapeau le marché

elle cherche le marchand longue un chapeau le marché

Tilico est marchand de chapeaux.
Il a un âne. Il va au marché du village.
Mais la route est longue.
Tilico s'arrête. Il se couche à côté de l'âne,
un chapeau sur le nez.

Et il rêve...
à un grand marché dans une grande ville.
Il chante :
« Chapeaux blancs, chapeaux bleus, chapeaux jaunes,
chapeaux de toutes les couleurs,
chapeaux à plume, chapeaux de lune... »
Et on achète tous les chapeaux de Tilico.
Tilico est riche. Il achète une belle auto et une
belle maison.

Mais on appelle Tilico :
« Oh! Tilico! Alors, tu rêves? »

Eh oui! Tilico n'est pas dans le grand marché de la grande ville.
Il est sur la petite route du petit village.
Et l'âne? Où est l'âne qui porte les chapeaux?

Alors, Tilico cherche l'âne dans tout le pays.

« Ne va pas avec Oribilis!
Regarde sa tête! »

Oribilis emmène Lucie dans sa maison.

samedi	**sur**	**la maison**	**il passe**
la souris	**le salon**		**elle dessine**
il se couche	**sous**		**dessous dessus**

vous allez **vous avez**
vous arrivez **vous êtes**

Pauline pleure :
« Ma poupée n'a pas de robe! »
Alors, maman dit à Pauline :
« On va faire une belle robe
avec du tissu jaune. »

« Vous avez une auto?
– Non, j'ai un vélo. »

« Tu n'es pas malade?
– Si. J'ai mal à la tête. »

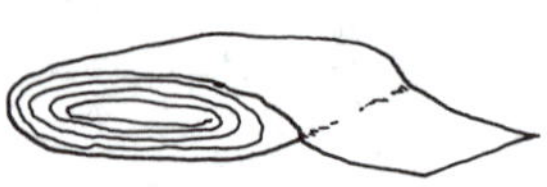

du tissu

une tasse

regarde regarde

emmène emmène

C'est samedi. Papa emmène maman au marché.
Alors, on fait la fête dans la maison de Nicolas.
Il y a Nicolas, Pauline et nos amis : Tourloublanc, Alice et Olivier.

On joue à cache-cache.
« Où est caché Olivier?
– Regarde sous le lit! Regarde dans la malle du grenier!
– Oh! Il est dans le piano! »

On dessine :
Tourloublanc fait un oiseau,
Olivier fait une belle souris.

On fait une cabane avec le piano et des tapis.
C'est la maison des musiciens.
Tourloublanc chante. Olivier joue du piano.

Alice préfère jouer à la poupée avec Pauline.
Avec le tissu de maman, elle fait une robe à la poupée.

Mais le père et la mère de Nicolas arrivent...

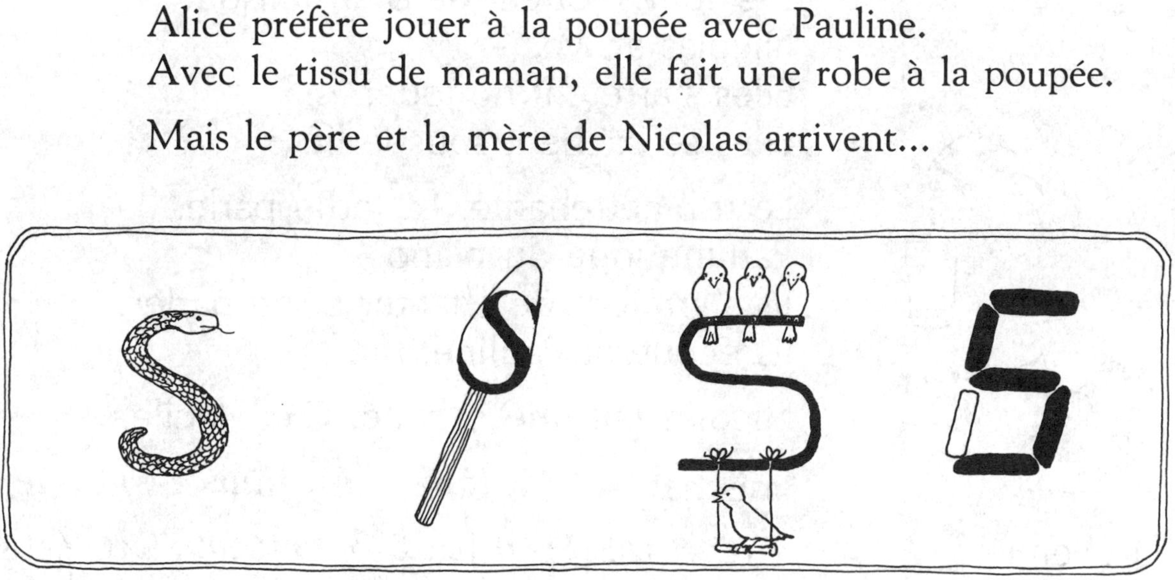

Chez Oribilis le méchant,
il ne faut pas parler,
il ne faut pas chanter,
il ne faut pas jouer.

fa	facile
fo	la forêt
fu	la fumée
fe	la fenêtre

elle préfère
la fête

il faut
il fait
le feu

jo	joli
je	je cours
jou	il joue
ju	le jus de pomme

jaune
un jour
j'ai un stylo

un hibou

la chemise

Les souris jouent dans la maison.
Nicolas arrive.
Elles s'arrêtent de jouer.
Elles se cachent sous le lit.

Le robinet chante. La radio parle.
Pauline joue du piano.
Ils s'arrêtent de chanter et de parler.
Ils écoutent Pauline.

Nicolas fait une cabane. C'est facile.

méchant	**il faut**	**un jour**	**le feu**
méchant	*il faut*	*un jour*	*le feu*

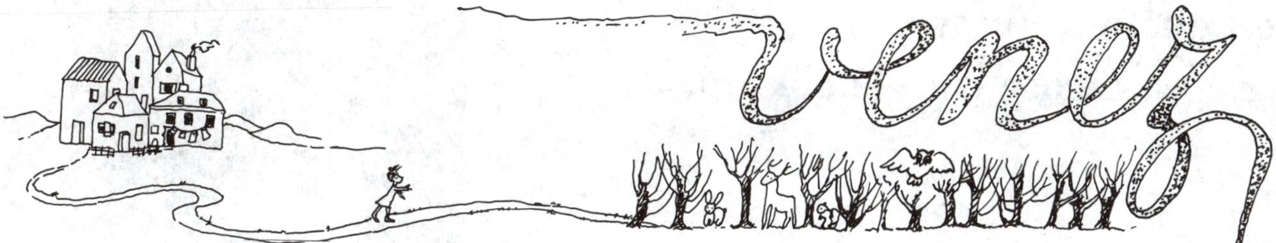

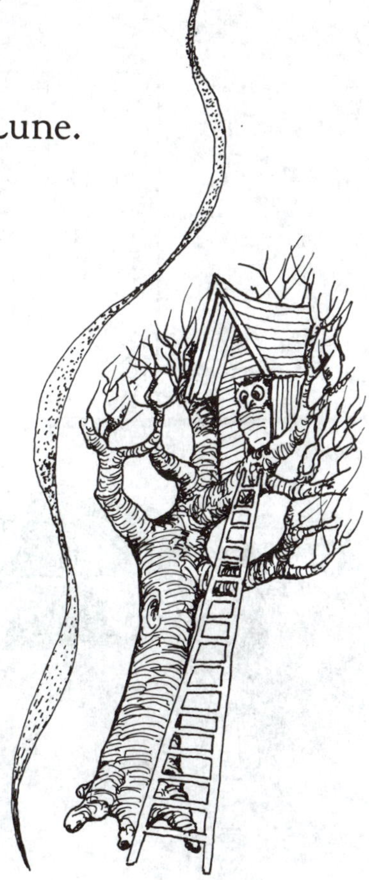

« Il ne faut pas aller dans la forêt » dit le père de Petite Lune.
Mais Petite Lune n'écoute pas.
Un jour, elle va sur la longue route de la forêt.
Il y a des animaux. C'est joli.
Mais il y a le méchant Hibou Noir.

Et Hibou Noir emmène Petite Lune dans sa maison,
au milieu de la forêt.
« Je ne veux pas! Je ne veux pas! » dit Petite Lune.
Mais Hibou Noir ne l'écoute pas.

Chez Hibou Noir, ce n'est pas comme au village.
Il ne faut pas jouer.
Il faut laver les chemises de Hibou Noir.
Il faut réparer le chapeau de Hibou Noir.
Il faut couper les salades et les carottes
et faire la soupe de Hibou Noir.
C'est difficile! C'est difficile!

Alors, un jour, Petite Lune fait un grand feu.
La fumée va au-dessus de la forêt.
Avec la fumée, Petite Lune dessine le mot :

VENEZ

Du village de Petite Lune, on regarde la fumée :
« C'est Petite Lune! »

Et on va chercher Petite Lune au milieu de la forêt.

« Il est quatre heures! »

« La clé est cachée dans le placard... »

qua	**quatre**
qui	**qui**
que	**est-ce que**

il pique

qu'est-ce que

il avale

la ficelle
est solide

« Et pique, et pique,
l'oiseau noir vole le bleu. »
« Qui a volé le bleu? »

A dix heures, M. Lampion passe dans la rue.

Oribilis cache la clé dans le placard.

Où est l'âne de Tilico ? Il court dans la forêt.

il se lave

quatre	**la clé**	**heure**	**le placard**
quatre	*la clé*	*heure*	*le placard*

Dans le placard d'Oribilis, il y a des souris.
Mais Oribilis a un chat.
Tous les jours, à quatre heures,
le chat se lève, il se lave
et il avale quatre souris.

Le coucou est l'ami des souris.
Alors, une nuit, il attache le chat avec une ficelle.
A quatre heures, le chat se lève...
« Mais, qu'est-ce qu'il y a?
Qu'est-ce que c'est? »
Il tire sur la ficelle. Il veut couper la ficelle.
Mais la ficelle est solide.

Toutes les souris arrivent. Elles rient et chantent :
« Les souris, c'est fini!
Les souris, c'est fini! »

« Attention! »

« Regardez Oribilis! Il ne bouge pas! »

g			gu 	*g*
G	la gare *la gare*	une image *une image*	la bague *la bague*	*G*

les habits

une goutte
des légumes

il bouge
le village
la bougie

la guêpe
longue

la bougie

un pot

Lucie va à la gare. La rue est longue.

Le piano est malade.
Le docteur Pipo donne quatre gouttes au piano.

Au marché du pays blanc, il y a un marchand de ballons.
Il veut toutes les couleurs : le bleu, le jaune, le rouge...

Olivier descend du grenier, il porte la malle.

Attention *Attention*

une histoire *une histoire*

Ecoutez l'histoire du petit Chaperon Rouge.
Un jour, la maman appelle
le petit chaperon rouge.
Va chez ta grand-mère
avec ce petit pot.
Mais attention!
Dans la forêt il y a le loup!
Oui, maman.
Dans la forêt,
il y a le méchant loup.
Où vas tu?
Chez ma grand-mère.
Alors le loup court dans la forêt.
Il arrive vite chez la grand-mère.
Qu'est-ce qu'il fait?
Est-ce qu'il avale la grand-mère?
Non. Il la porte dans le placard
du grenier.
Il met les habits de la grand-mère
et il se couche dans le lit.
Ouf! Le petit chaperon rouge arrive.
« Petit chaperon rouge,
n'écoute pas le loup!
Regarde sa tête! »
Viens! Viens!
Oh! Grand-mère,
vous avez un long nez!
Vous avez de
longues dents!
Alors, le loup...
Est-ce que le loup
avale le petit chaperon rouge?
Non! Le papa du petit chaperon
rouge passe par là et il tue le loup.
Il ne bouge pas.
Venez! Venez!
C'est
grand-mère!

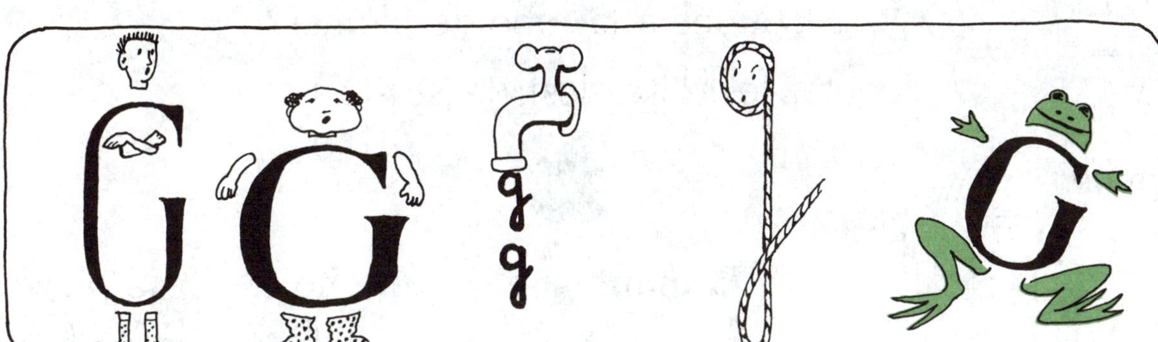

M. Lampion habite sur la montagne.

il habite **elles habitent**

une heure **quatre heures**

une histoire
un homme

« Tu pleures, Lucie? – Oui. M. Lampion n'est pas là. »
Sur la montagne, il y a une maison. C'est la maison de M. Lampion.
M. Lampion revient de la plage, un chapeau sur la tête.
La boîte de M. Lampion est magique. Elle fait de la musique.
Dédé habite à côté de l'école.

il pédale

Quelle histoire préférez-vous?
L'histoire de Tourloublanc au pays des couleurs?
L'histoire du piano de Nicolas? L'histoire de Lucie?
Ou Tilico et l'âne? Ou Léo et les bananes?
Ou Hibou Noir et Petite Lune?
Ou la poupée à la robe de plumes?

Écoutez-les! Lisez-les! Relisez-les!

une machine

il s'échappe

la montagne **une boîte** **la plage**

la montagne *une boîte* *la plage*

L'histoire de Lucie.

Toutes les nuits, M. Lampion passe dans la rue.
Il chante et Lucie écoute.

Une nuit, M. Lampion ne vient pas.
Où est M. Lampion?
Lucie le cherche dans la ville.
Elle va à la gare. Elle va au marché d'un petit village.
M. Lampion n'est pas là.

Mais Oribilis est là. Il dit à Lucie :
« Tu cherches M. Lampion? Viens! »
Il emmène Lucie dans sa maison.
Quelle maison! Il ne faut pas parler, il ne faut pas chanter,
pas rire, pas pleurer.
Il faut pédaler sur une grande machine. C'est difficile!

Le coucou dit :
« La clé est cachée dans le placard. »
Les amis de Lucie volent la clé.
Lucie et Marie s'échappent de la maison du méchant Oribilis.

Elles cherchent Lampion sur la montagne : il n'est pas là.
Elles le cherchent sur la plage : il est là!
Et M. Lampion donne à Lucie et à Marie
une boîte à musique
qui chante une jolie chanson.

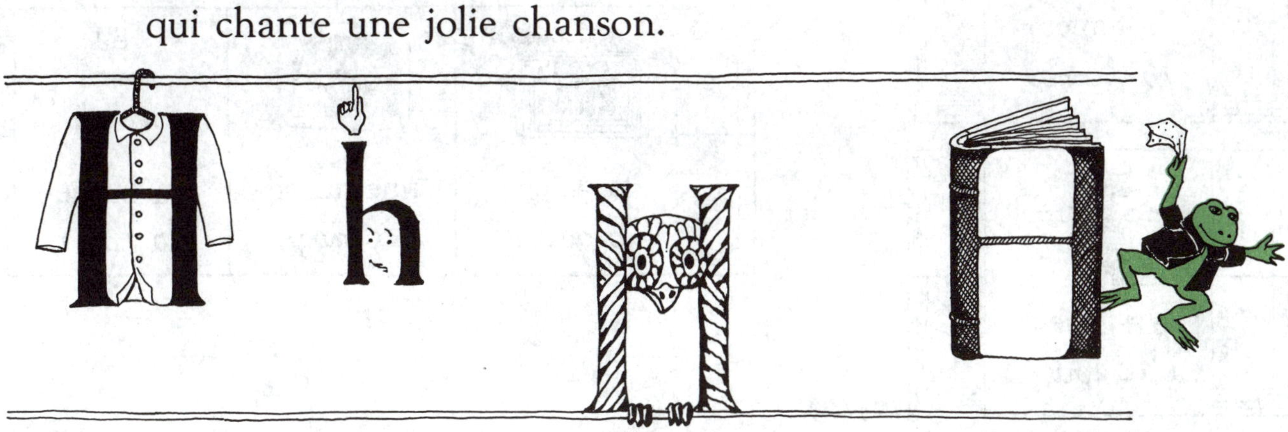

a a
A 𝒜
Alice
Alice

8 (A3)

i i
I J
le village
le village

10 (A4)

ou ou
Ou Ou
la souris
la souris

18 (B1)

r r
R R
le robinet
le robinet

20 (B2)

é é
E E
une école
une école

22 (B3)

b b
B B
un ballon
un ballon

d d
D D
le dos
le dos

m m
M M
une maison
une maison

p p
P P
une poupée
une poupée

26 (B5)

t t
T T
une auto
une auto

28 (B6)

n n
N N
une banane
une banane

30 (B7)

f f
F F
la fumée
la fumée

j j
J J
elle joue
elle joue

38 (C4)

g g
G G
la gare
la gare

une image
une image

gu

la bague
la bague

42 (C6)

12 (A5)

14 (A6)

16 (A7)

22 (B3)

22 (B3)

24 (B4)

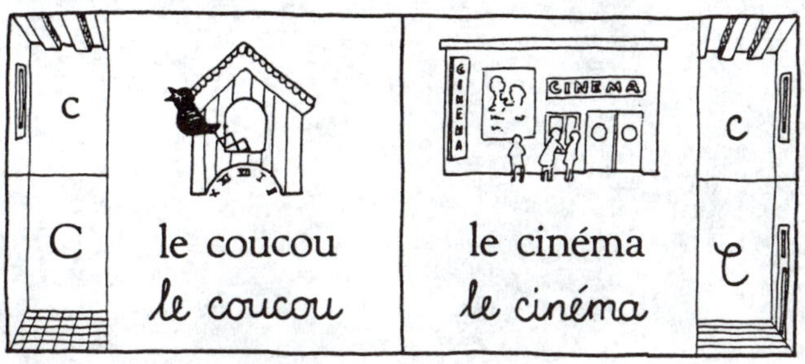

32 (C1)

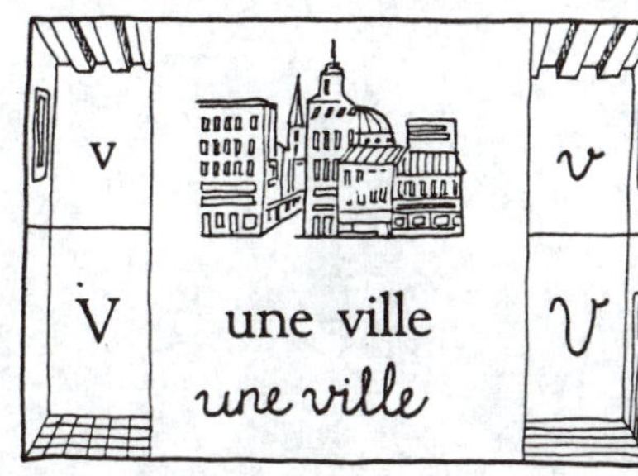

36 (C3)

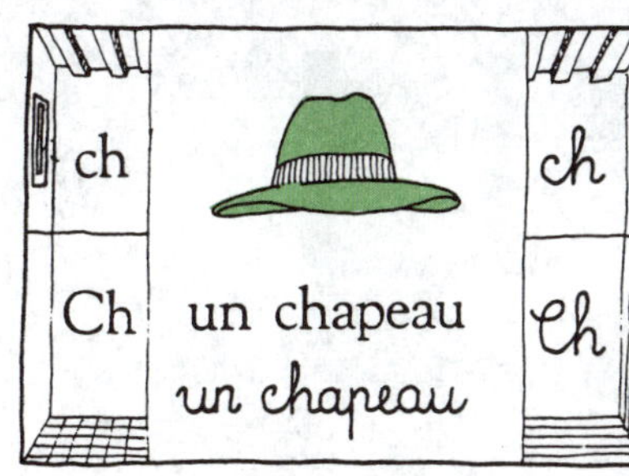

34 (C2)

40 (C5)

44 (C7)

N° d'éditeur : 10072046 - (XV) - (145) - OSBN - 80 — Dépôt légal : octobre 1999
Imprimé en France par Pollina s.a., 85400 Luçon - n° 78794